FIRE

UNDER THE TONGUE

SELECTED POEMS OF
CORAL BRACHO

FIREFLY
UNDER THE TONGUE

SELECTED POEMS OF
CORAL BRACHO

TRANSLATED BY
FORREST GANDER

A NEW DIRECTIONS BOOK

This translation was carried out with the support of the Program to Support the Translation of Mexican Works into Foreign Languages (Protrad).

Esta traducción se realizó por medio del Programa para Dar Apoyo a la Traducción de Obras Mexicanas a Lenguas Extranjeras.

Book design by Sylvia Frezzolini Severance
Manufactured in the United States of America
First published as a New Directions Paperbook (NDP1095) in 2008.
Published simultaneously in Canada by Penguin Books Canada Limited
New Directions Books are printed on acid-free paper.

Library of Congress Cataloging-in-Publication Data

Bracho, Coral, 1951–
[Luciérnaga bajo la lengua. English]
Firefly under the tongue: selected poems of Coral Bracho / translated by Forrest Gander.
p. cm.
ISBN 978-0-8112-1684-5 (alk. paper)
1. Bracho, Coral—Translation into English. I. Gander, Forrest, 1956–
II. Title.
PQ7298.12.R27A2 2008
861'.64—dc22
2007052539

New Directions Books are published for James Laughlin
by New Directions Publishing Corporation,
80 Eighth Avenue, New York , NY 10011

for Marcelo, Lorena, and Lucía
—CB

for my editor, Declan Spring
—FG

ACKNOWLEDGMENTS

Thanks to:

Bat City Review, Spring 2007, "Turbulent, Its Fluid Calm"

Bomb, The Americas Issue, Winter 2007, special editor Brian McMullen, sections I and III from *That Space, that Garden*

Conjunctions, Fall 1994, editor Bradford Morrow, "Their Decorated Eyes of Crystalline Sand," "Untitled," and "Distant Cities"

Dragonfire (WEB), Issue 18, 2006, section editor Henry Israeli: "Its Dark, Curving Force"

Dragonfire (WEB), Issue 10, 2005, section editor Henry Israeli: "The Hypothetical Spectator," "In This Dark, Tepid Mosque," "Stone in the Sand," and "Your Margins . . ."

Duration Press, 1999, Jerrold Shiroma editor, *Of Their Ornate Eyes of Crystalline Sand* (CHAPBOOK)

Fascicle (WEB), Issue 1, Fall 2005, section VI from *That Space, that Garden* and "The Hypothetical Spectator"

Front Porch, Spring 2007, "The Breeze" and "The Posture of Trees"

Interim, Spring 2007, editor Claudia Keelan, section IX of *That Space, that Garden*

The Nation, May 7, 2007, editor John Palattella, "The Rivers Churn Up a Tranquil Foliage" (as "Your Voice")

Poetry, Spring 2007, editor Christian Wiman, "Firefly under the Tongue" with an essay on Bracho

Poetry International, Fall/Winter 2006, "In the Roused Valleys," and section I from *That Space, that Garden*

Zoland Poetry Annual, 2007, editor Christopher Mattison, "The Room's Penumbra," "From this Light," "Dawn Images," "What Even Now Returns," and "Players out of Time"

Almost all of Coral Bracho's books have been published by ERA in Mexico.

TABLE OF CONTENTS

Introduction, by Forrest Gander   xi

FROM *Peces de piel fugaz* / Fish with Fugacious Skin (1977)

   De sus ojos ornados de arena vítreas / Of Their Ornate Eyes of
      Crystalline Sand   2
   Tocan los vitrales ocultos / They Touch Secret Stained Glass   6

FROM *El ser que va a morir* / Being toward Death (1981)

   En esta oscura mezquita tibia / In this Dark Tepid Mosque   10
   Me refracta a tu vida como a un enigma / I'm Refracted through Your
      Life as through an Enigma   16
   Agua de bordes lúbricos / Water's Lubricious Edges   20
   Poblaciones lejanas / Distant Cities   24
   Tus lindes: grietas que me develan / Your Edges: Clefts that
      Reveal Me   26
   Los ríos encrespan un follaje de calma / The Rivers Churn Up a
      Tranquil Foliage   30
   Una luciérnaga bajo la lengua / Firefly under the Tongue   32

FROM *Tierra de entraña ardiente* / Earth's Smoldering Core (1992)

   En la entraña del tiempo / In Time's Core   36

FROM *La voluntad del ámbar* / The Disposition of Amber (1998)

   La penumbra del cuarto / The Room's Penumbra   40
   Desde esta luz / From this Light   42
   En los valles despiertos / In the Roused Valleys   44
   Mariposa / Butterfly   46
   La brisa / The Breeze   48

Imagen al amanecer / Dawn Images   50
La actitud de los árboles / The Posture of the Trees   52
Una piedra en el agua de la cordura / Stone in the
    Pellucid Water   54
El hipotético espéctador / The Hypothetical Spectator   56
Piedra en la arena / Stone in the Sand   60
Los murmullos / The Murmurs   62
Que ahorita vuelve / What Even Now Returns   66
Luz derramada sobre un estanque de alabastro / Light Spilled across
    an Alabaster Pond   68
La voz indígena / The Indigenous Voice   70
Personajes bajo otro tiempo / Players out of Time   72

FROM *Ese espacio, ese jardín* / **That Space, that Garden** (2003)

I   76
II   84
III   92
VI   96
IX 102

FROM *Cuarto de hotel* / **Hotel Room** (2007)

Comenzaron a llamarte / They Began to Call You   112
Los cuartos no son como deben ser / The Rooms Aren't What
    They Appear to Be   114
Era sólo un sonido / It Was Merely a Sound   116
Cuando alguien entra en un cuarto / When Someone Enters a
    Room   118
¿Qué querían decir? / What Were They Wanting to Say?   120
Entre estas ruinas / Among These Ruins   122

Poemas nuevos / **New Poems**

Dame, tierra, tu noche / Give Me, Earth, Your Night   126
Su oscura fuerza curvando / Its Dark Force Curving   128
Turbulenta su fluida calma / Its Fluid Calm, Turbulent   130

INTRODUCTION

Born in 1951 in Mexico City, Coral Bracho has published eight books of poems, including the groundbreaking, remarkably influential *El ser que va a morir / Being toward Death* (1981) which won El Premio Nacional de Poesía Aguascalientes and probably changed the course of Mexican poetry with its erotic undercurrent, its radically indeterminate syntax, and its phenomenological openness. *Bajo el destello líquido / Under the Scintillant Liquid*, which gathered her first two collections, was published in 1988. In 1992, she published a collaboration with artist Irma Palacios, *Tierra de entraña ardiente / Earth's Smoldering Core.* The book *Huellas de luz / Tracks of Light* (1994) was a reprint of her very first collection, *Peces de piel fugaz / Fish with Fugacious Skin* (1977), in conjunction with *El ser que va a morir* and *Tierra de entraña ardiente.* Since then, Bracho, a slow and deliberate writer, has published only three books, *La voluntad del ámbar / The Disposition of Amber* (1998), *Ese espacio, ese jardín / That Space, that Garden* (2003), and *Cuarto de hotel / Hotel Room* (2007).

In Spanish, Bracho's early poems read as though they were poured onto the page. They are fluid, lapping long-lined toward the gutters. Her images evoke an oneiric, sensual realm of dispelled logic. Her diction spills out along ceaselessly shifting beds of sound. Try reading this aloud, even if you don't speak Spanish:

> Dicen del tacto
> de sus destellos,
> de los juegos tranquilos que delizan al borde,
> a la orilla lenta de los ocasos.
> De sus labios de hielo.

Bracho's early poems make sense first as music, and music propels them. The grammar seems to liquefy and run. Rhythms pulse and build, echoes bandy back and form between lines, and subordinate clauses drift off on their own. Like recombinant DNA, Bracho's strings of syntax break and recombine and collaborate to spark life. If you try to put your finger on the meaning of a poem, the meaning seems to move elsewhere, and so you begin to focus on *feeling the poem*, engaging it as an active movement taking place on the page and also in your own mind.

If the early work seems, like quantum mechanics, to stress uncertainties and syntactical structures that often make sense as two simultaneous, interpenetrating patterns, the poems from *The Disposition of Amber* depend upon more Euclidian modes: parallel syntactical patterns, anaphoric lines, and short subject-verb-object sentences. Here, Bracho is not averse to resolving poems with simple, if enigmatic, declarations: "The stags cross over the border lines," for example. Or "I would go to heaven."

The book-length poem *That Space, that Garden* and the new shorter poems that follow it seem to forge out of Bracho's earlier styles a capacious new virtuosity. While the poems can be abstract, the intensifying cadence and the canon-like effect of repeating talismanic words ensure that the work is experienced sensually as well as intellectually. While never intending to mirror the world in snapshot images, Bracho increasingly tunes in to the frequency of things, the thicket of things that comprise a region, a room, a relationship. Her meditation on the palpable edge of *thingness*—the surface of trees, furniture, skin—leads her to an intuition of volume, depth, inhabiting spirit. Radiating lines of perspective and shifting, ambiguous pronouns lead us across the borders of familiar language tropes into a concentrated attentiveness, a bedazzled listening. Removed from any central vantage point, we discover a world of uncanny interrelationships, our own world: complex, provisional, yet somehow intact.

Many years ago, when I was living in Dolores Hidalgo, Mexico, I found a copy of *El ser que va a morir* at the local bookstand, next to the *Super Macho* comics. I was astonished by it. In both style and subject matter, it was utterly unique. The poems made me think of Gaudi architecture, but underwater. They share that sideways-slipping meditative grace of John Ashbery's poems, the exotic lexical range of J.H. Prynne, and a vivid sensuality that English-language readers might liken to Gertrude Stein's *Lifting Belly* or to certain sequences by Mei-mei Berssenbrugge.

Asked for a statement about her aesthetics for an anthology I was editing, Bracho responded, "My feeling is that any such statement would implicitly be an evaluation that I think is not up to me to make. Besides that, I think it would also stand between the reader and the texts and set up a limited pattern of approach."

For me, the pleasures of her poems derive from their open-endedness, from their music, their delicious vocabulary, and from the tensions between an insistently telic rhythm and a dehiscent narrative. As readers, we sense that our arrival is imminent, but the destination keeps being rewritten.

* * *

On the Day of the Dead, in 1994, when Carlos Fuentes was in Providence and over for dinner—a disastrous event since for some inexplicable reason I decided to serve an "authentic" Mexican meal—we spoke about Mexican poetry and found ourselves praising Coral Bracho's work. As we finished the last bottle of wine, virtually the only palatable substance on the table, Fuentes drew onto a napkin a portrait of Coral Bracho. He said that, unfortunately, he had never met her, but from her work, he imagined that she looked like this:

FIREFLY

UNDER THE TONGUE

PECES DE PIEL FUGAZ

FISH WITH FUGACIOUS SKIN

1977

De sus ojos ornados de arenas vítreas

Desde la exhalación de estos peces de mármol,
desde la suavidad sedosa
de sus cantos,
de sus ojos ornados
de arenas vítreas,
la quietud de los templos y los jardines

(en sus sombras de acanto, en las piedras
que tocan y reblandecen)

    han abierto sus lechos,
    han fundado sus cauces
    bajo las hojas tibias de los almendros.

Dicen del tacto
de sus destellos,
de los juegos tranquilos que deslizan al borde,
a la orilla lenta de los ocasos.
De sus labios de hielo.

Ojos de piedras finas.

De la espuma que arrojan, del aroma que vierten

(En los atrios: las velas, los amarantos.)
sobre el ara levísima de las siembras.

    (Desde el templo:
    el perfume de las espigas,
    las escamas,
    los ciervos. Dicen de sus reflejos.)

En las noches,
el mármol frágil de su silencio,
el preciado tatuaje, los trazos limpios

Of Their Ornate Eyes of Crystalline Sand

From the expirations of these marble fish,
from the sleek silk
of their songs,
from their ornate eyes
of crystalline sand,
the calm of temples and gardens

(in their acanthus shadows, in the shale
they touch and tenderize)

    they have opened their beds
    have dredged their channels
    under the fledgling leaves of the almond trees.

They speak of their tactile
sparkling,
of tranquil games played to the end,
of the languid edge of sunsets.
Of their frigid lips.

Jewelled eyes.

Of the spume they blow, the fragrance they emit

(In the atriums: candles, amaranths.)
over fragile altars in the sown fields

    (From the temple:
    the perfumed bales,
    the scales,
    the deer. They speak of their sheer reflections.)

At night
the delicate marble of their silence,
the prized tattoo, the pristine outlines

(han ahogado la luz
a la orilla; en la arena)

sobre la imagen tersa,
sobre la ofrenda inmóvil
de las praderas.

(they have drowned the light
at the shore; on the sand)

over the limpid image,
over the standing gift
of meadowland.

Tocan los vitrales ocultos

Los grillos (las termitas encubren
su discurso escarlata) cimbran por sus nombres los frutos,
los helechos. Tocan los vitrales ocultos
(las termitas recorren en silencio los ecos)
por el vaho vigilante,
la valla,
de altas noches en calma.

They Touch Secret Stained Glass

Crickets (the termites damper
their scarlet discourse) set the fruits swaying by their trilled names,
and the ferns. They touch secret stained glass
(the termites bandy echoes in the silence)
with the vesperal vigilance,
the verticality,
of high calm nights.

EL SER QUE VA A MORIR

BEING TOWARD DEATH

1981

En esta oscura mezquita tibia

Sé de tu cuerpo: los arrecifes,
las desbandadas,
la luz inquieta y deseable (en tus muslos candentes la lluvia incita),
de su oleaje:
Sé tus umbrales como dejarme al borde de esta holgada,
    murmurante,
mezquita tibia; como urdirme (tu olor suavísimo, oscuro) al
    calor de sus naves.
(Tus huertos agrios, impenetrables) Sé de tus fuentes,
de sus ecos maduros y turbios la amplitud luminosa, fecunda;
de tu sueño espejeante, de sus patios:

Basta dejar a su fuego nocturno, a sus hiedras lascivas, a su
    jaspe inicial:
las columnas, los arcos;
a sus frondas (en un rapto suave, furtivo).
Basta desligarse en la sombra—olorosa y profunda—de
    sus tallos despiertos,
de sus basas vidriadas y suaves:

Distendida, la luz se adentra, se impregna (como un
    perfume se adhiere
a los limos del mármol) a este hervor habitable; en tus
    muslos su avidez se derrama:
En sus nichos, en sus salas humeantes y resinosas,
deslizar. Vino, cardumen, manto, semillero:
este olor. (En tu vientre la luz cava un follaje espeso que
    difiere las costas, que revierte en sus aguas)

    Recorrer
(con las plantas ungidas: pasos tibios, untuosos: las faldas
    rozan en la bruma)
los pasajes colmados y palpitantes; los recintos:

In this Dark Tepid Mosque

I know of your body: the reefs,
the scattering birds,
the light sought and unsettled (on your candescent thighs incited by rain),
of your surge:
I know your thresholds as though they let me go to the edge of this roomy,
    murmurous,
tepid mosque; as though they wove me (your dark suave scent) into
    the heat of its naves.
(Your sour, impenetrable orchards) I know of your fountains,
of your ripe and turbulent echoes, the luminous amplitude, fecund;
of your mirror-bright dream, of your patios:

Enough to let it go to its night fire, to its lascivious ivies, to its
    primary jasper:
the columns, the arches;
to its fronds (in a cool rapture, furtive).
Enough to release it into the shadow—fragrant and deep—of
    its vigilant reeds,
of its smooth and glassy columns:

Stretched out, the light closes in, impregnates itself (like a
    perfume clinging
to the chalky marble) with this habitable frenzy; onto your
    thighs it spills its ardor:
Into its niches, into its humid and resinous salons,
slipping. Wine, a shoal of fish, mantle, seedbed:
this smell. (In your belly the light digs out a dense flora that
    holds off the coasts, that turns to water)

    Returning
(with unguent plants: tepid, unctuous steps: the skirts
    grazing on mist)
the clamorous, palpitating passages; the enclosures:

En las celdas: los relentes umbrosos, el zumo denso,
visceral; de tus ingles:

(En tus ojos el mar es un destello abrupto que retiene su cauce
—su lengua induce entre estos muros, entre estas puertas)
     en los pliegues,
en los brotes abordables;

                                        Entregada al aroma,
     a los vapores azulados, cobrizos; el roce opaco de la
     piedra en su piel.

Agua que se adhiere, circunda, que transpira—sus bordes
     mojan irisados—que anuda
su olisqueante y espesa limpidez animal. Médanos, selva,
     luces; el mar acendra.
     Incisión de arabescos bajo las palmas. Vidrios. La red
de los altos vitrales crípticos. Lampadarios espumosos. Toca
     con el índice
el canto, los relieves, el barro (en la madera los licores se
     enroscan, se densifican,
reptan por los racimos alveolados, exudan);
el metal succionante de los vasos, el yeso, en el granito;
con los labios (lapsos frescos, esmaltados, entre la tibia,
     voluptuosa, ebriedad);
los mosaicos, la hiel
de las incrustaciones.

     La mezquita se extiende entre el desierto y el mar.

          En los patios:

     El fulgor cadencioso (rumores agrios) de los naranjos;
          el sopor de los musgos, los arrayanes.

Desde el crepúsculo el viento crece, tiñe, se revuelve, se
     expande en la arena ardiente, cierne
entre las ebrias galerías, su humedad. Aceites hierven y

In the cells: umbracious dew, the thick, visceral
sap; of your groin:

(In your eyes the sea is a quick scintillation holding to its bed
—its tongue lolls between these walls, between these doors)
      among the folds,
among the buds just within reach;

                              Surrendered to the scent,
      to the coppery-blue vapors; the dull scour of
      stone on skin.

Water that adheres, eddies, that beads—its wet edges
      rainbowed—adding
a gamey and thick animal limpidity. Dunes, forest,
      lights; the sea filtering it all.
      Incision of arabesques below the palms. Glass. The web
of tall cryptic stained-glass windows. Spuming floor lamps. A finger
      touching
the rim, the reliefs, the mud (in the wood the liquors
      circulate, condensing,
they seep through the alveolate racemes, ooze);
the sorbent metal of the glasses, the plaster, on the granite;
with the lips (fresh lapses, enameled, within the tepid,
      voluptuous inebriation);
the mosaics, the gall
of the inlays.

      The mosque extends from the desert to the sea.

            On the patios:

The cadenced splendor (sour rumors) of the orange trees;
      the languor of the mosses, the myrtles.

From twilight on, the wind builds, puts on color, stirs up, spills
      across the torched sand, wafts
through intoxicating galleries, its humidity. Oils boil and

modulan las sombras
en los espejos imantados. Brillo metálico en las paredes,
     bajo los ígneos dovelajes.

(Agua: hiedra que se extiende y refleja desde su lenta
     contención; ansia tersa, diluyente)

—Entornada a las voces,
a los soplos que cohabitan inciertos por los quicios—.
     Hunde en esta calma mullida,
en esta blanda emulsión de esencias, de tierra lúbrica;
     enreda, pierde entre estas algas;
secreta, hasta la extrema, minuciosa concavidad, hasta las
     hégiras entramadas,
bajo este tinte, la noción litoral de tu piel. Celdas,
ramajes blancos. Bajo la cúpula acerada. Quemar (cepas,
     helechos, cardos
en los tapices; toda la noche inserta bajo ese nítido crepitar)
     los perfumes. Agua
que trasuda en los cortes de las extensas celosías. (Pasos
     breves, voluptuosos.) Peldaños;
Azul cobáltico; Respirar entre la hierba delicuescente, bajo
     esta losa; Rastros secos, engastados; Estaño
en las comisuras; sobre tus flancos: Liquen y salitre en las
     yemas.
De entre tus dedos resinosos;

modulate shadows
in magnetized mirrors. Metallic sheen on the walls,
    beneath the igneous voussoir.

(Water: an ivy that covers and mirrors what it slowly comes
    to contain; terse anxiety, thinning out)

—Turned toward the voices,
toward uncertain breaths that cluster at the doorjamb—.
    Sink into this springy calm,
into this mild emulsion of essences, of lubricious earth;
    entwined, lose yourself in the algae;
secret, to the furthermost meticulous concavity, to the
    interwoven hejiras,
under this hue, the littoral supposition of your skin. Cells,
white branches. Under the waxy cupola. To burn (grapevines,
    ferns, thistles
in the tapestry; all the night inserted below that articulate crackling)
    the perfumes. Water
sweating through the cracks of the opened shutters. (Footsteps
    quick, voluptuous.) Stair steps;
Cobalt blue; Breathing above the deliquescent grass, beneath
    this tile; Dry traces, set; Tin
in the junctures; near your flanks: lichen and saltpeter on your
    fingertips.
And between your resinous fingers;

Me refracta a tu vida como a un enigma

Como un espejo translúcido
el profundo remanso abierto entre la sombra; lo convexo
a esta sed
de lo que bebo, que palpo como a una esfera en el recinto
    inextricable,
bajo el destello líquido. Voz

—De entre la danza y el ardor vesperal
Canto sutilísimo   Entre el verde de estupor, de placer
    —Lo que se enciende en la amplitud alta enlaza
en una manera nítida. —Lo que lo cimbra
El viento

y el vellón cenital entre las cuerdas del arpa eolia.
El eucalipto cristalino. Savia
en que se cifra
La calma
y la actitud del agua

De lo que bebo, que aprehendo como un reflejo de ese
contacto inexpugnable; la claridad de su raigambre en lo
nocturno luminoso, de su bóveda.

Lleno, hondo acorde transparente sobre los bosques como
    un bramido.

En la oquedad continua del caracol; contra el cristal
    plomizo
—Tañen

las lajas de ébano
ante la hoguera que refleja
los ocres
circulares del canto; el trance —El talismán sentido bajo
    esas termas, ante esa luz—

I'm Refracted through Your Life as through an Enigma

Like a translucent mirror,
the deep back-eddy between shadows; a reverse
to this thirst
that I drink down, that I touch as if it were a sphere at a frontier,
    inextricable,
submerged below the liquid sheen. Voice

—From between the dance and the vesperal ardor
The most delicate song   Between the green of stupor, of pleasure—
    —What catches fire in the high amplitudes
vividly combines. —What moves it
Wind

and the superlative fleece in the strings of the Aeolian harp.
The crystalline eucalyptus. Sap
in which the calm
and the disposition of water
are enciphered

From what I drink, what I grasp as a reflection of that
inscrutable contact; the clarity of its rootedness in such
a luminous night, of its dome.

Full, deep transparent accord over the forests like
    a bellow.

In the stopless hollow of the conch; against the leaded
    crystal
—They drum

the ebony flagstone
by the fire reflecting
circular
ochres of song; the trance —The talisman sensed under
    those hot springs, against that light—

Entre los bosques de abedules,
como una flama.

(—Los niños trazan su aullido líquido en las cortezas,
como un espectro vegetal)

—Las llamas liban de la noche, de sus raíces extendidas.
    —Su fluida
redondez, su acaecer —De lo que bebo, que palpo

In the birch forests,
like a flame.

(—Children trace their liquid howl on the bark,
as a vegetal ghost)

—The flames lick-out from the night, from its long roots.
    —Its fluid
roundness, its coming to be —From what I drink, what I touch

Agua de bordes lúbricos

Agua de medusas,
agua láctea, sinuosa,
agua de bordes lúbricos; espesura vidriante —Delicuescencia
entre contornos deleitosos. Agua —agua suntuosa
de involución, de languidez

en densidades plácidas. Agua,
agua sedosa y plúmbea en opacidad, en peso —Mercurial;
    agua en vilo, agua lenta. El alga
acuática de los brillos —En las ubres del gozo. El alga, el
    hálito de su cima;

—sobre el silencio arqueante, sobre los istmos
del basalto; el alga, el hábito de su roce,
su deslizarse. Agua luz, agua pez; el aura, el ágata,
sus desbordes luminosos; Fuego rastreante el alce

huidizo —Entre la ceiba, entre el cardumen; llama
pulsante;
agua lince, agua sargo (El jaspe súbito). Lumbre
entre medusas.
—Orla abierta, labiada; aura de bordes lúbricos,
su lisura acunante, su eflorescerse al anidar; anfibia,
lábil —Agua, agua sedosa
en imantación; en ristre. Agua en vilo, agua lenta —El
    alumbrar lascivo

en lo vadeante oleoso,
sobre los vuelcos de basalto. —Reptar del ópalo entre la luz,
entre la llama interna. —Agua
de medusas.
Agua blanda, lustrosa;
agua sin huella; densa,
mercurial

Water's Lubricious Edges

Water of jellyfish,
lacteal, sinuous water,
water of lubricious borders; glassy thickness—Deliquescence
in delectable contours. Water—sumptuous water
of involution, of languor

in placid densities. Water,
water silken and plumbeous in opacity, in weight —Mercurial;
    water in suspense, slow water. The algal bloom
brilliant—In the paps of pleasure. The algae, the
    bracing vapor of its peak;

—across the arched silence, across isthmuses
of basalt; the algae, its habitual rub,
its slippage. Light water, fish water; the aura, the agate,
its luminous border-breakings; Fire trailing the fleeing

elk —Around the ceiba tree, around the shoal of fish; flame
pulsing;
lynx water, sargo water (The sudden jasper). Luminescence
of jellyfish.
—Edge open, lipped; aura of lubricious borders,
its smoothness rocking, its nesting efflorescence; amphibious,
labile—Water, water silken
with voltaic charge; expectant. Water in suspense, slow water—The
    lascivious luminescence

in its oily crossing,
over faulted basalt. —The slither of opal through the sheen,
through the interior flame. — Water
of jellyfish.
Soft, lustrous water;
traceless water; dense,
mercurial

su blancura acerada, su dilución en alzamientos de grafito,
en despuntar de lisa; hurtante, suave. —Agua viva

su vientre sobre el testuz, volcado sol de bronce envolviendo
—agua blenda, brotante. Agua de medusas, agua táctil
fundiéndose
en lo añil untuoso, en su panal reverberante. Agua amianto, ulva
El bagre en lo mullido
—libando; en el humor nutricio, entre su néctar delicado; el áureo
embalse, el limbo, lo transluce. Agua leve, aura adentro el ámbar
—el luminar ungido, esbelto; el tigre, su pleamar
bajo la sombra vidriada. Agua linde, agua anguila lamiendo
          su perfil,
su transmigrar nocturno
—Entre las sedas matriciales; entre la salvia. —Agua

éntre merluzas. Agua grávida (—El calmo goce
tibio; su irisable) —Agua
sus bordes

—Su lisura mutante, su embeleñarse
entre lo núbil
cadencioso. Agua,
agua sedosa de involución, de languidez
en densidades plácidas. Agua, agua;   Su roce
—Agua nutria, agua pez. Agua

de medusas,
agua láctea, sinuosa; Agua,

its steely whiteness, its dissolution in graphite surges,
in burnished gloss; furtive, smooth. —Living water

upwelling ventral over dorsal, capsized bronze sun enfolding
—crystalline zinc, spouting water. Water of jellyfish, tactile water
fusing itself
to the unctuous indigo blue, to its reverberant honeycomb. Amianthus, ulva water
The catfish in its silt
—sucking; in the nutritious essence, in its delicate nectar; the aureous
reservoir, a limbo, transparentizes it. Light water, aura within amber
—graceful, anointed luminance; the tiger, its high tide
below the brittle shadow. Boundary water, eel water licking
        its profile,
its nocturnal migration
—In silk matrices; in the sage. —Water

between the hake. Gravid water (—The calm pleasure
tepid; its iridescence) —Water
its borders

—Its shifting smoothness, its enchantment
with what is nubile,
cadenced. Water,
silky water of involution, of languor
in placid densities. Water, water;   Its caress
—Otter water, fish water. Water

of jellyfish,
lacteal, sinuous water; Water,

Poblaciones lejanas

Sus relieves candentes, sus pasajes, son un salmo
luctuoso y monocorde;
los niños corren y gritan,
como pequeños lapsos, en un eterno, enmudecido
sepia demente. Hay ciudades, también,
que dulcifican la luz del sol:
En sus espejos de oro crepuscular las aguas abren y
        encienden
cercos de aromas y caricias rituales; en sus baños:
las risas, las paredes reverdecientes;
—Sus templos beben del mar.

Vagos lindes desiertos (Las caravanas, los vendavales, las noches combas
        y despobladas, las tardes lentas,
son arenas franqueables que las separan) mirajes, ecos que las enturbian,
que las empalman;
un gusto líquido a sal en las furtivas comisuras;
Y esta evocada resonancia.

Distant Cities

Their incandescent reliefs, their passages, they are
a mournful, single-chorded psalm;
the children run squalling
like tiny slips in an endless, hushed
and distracted sepia. There are also cities
that sweeten sunlight;
In their mirrors of golden gloaming, waters unfold and
    ignite
pockets of aroma and ritual caresses; in their baths:
laughter, the greening walls;
—Their temples sip from the ocean.

Lovely deserted boundaries (The caravans, foehns, the bulging unmanned
    nights, heavy afternoons,
it is loose sand that holds them apart) mirages, echoes that cloud them,
that bind them together;
a liquid taste for salt in the furtive corners;
And this triggered echo.

Tus lindes: grietas que me develan

We must have died alone,
a long long time ago.
—D.B.

Has pulsado,
has templado mi carne
en tu diafanidad, mis sentidos (hombre de contornos
levísimos, de ojos suaves y limpios);
en la vasta desnudez que derrama,
que desgaja y ofrece;

(Como una esbelta ventana al mar; como el roce delicado, insistente,
de tu voz.)
Las aguas: sendas que te reflejan (celaje inmerso), tu afluencia,
     tus lindes:
grietas que me develan.

—Porque un barniz, una palabra espesa, vivos y muertos,
     una acritud fungosa, de cordajes,
de limo, de carroña frutal, una baba lechosa nos recorre,
     nos pliega, ¿alguien;
alguien hablaba aquí?

Renazco, como un albino, a ese sol:
distancia dolorosa a lo neutro que me mira, que miro.

Ven, acércate; ven a mirar sus manos, gotas recientes en
     este fango; ven a rodearme.
(Sabor nocturno, fulgor de tierras erguidas, de pasajes
     sedosos, arborescentes, semiocultos;
el mar:
sobre esta playa, entre rumores dispersos y vítreos.) Has deslumbrado,
reblandecido

¿En quién revienta esta luz?

—Has forjado, delineado mi cuerpo a tus emanaciones,
a sus trazos escuetos. Has colmado

Your Edges: Clefts that Reveal Me

We must have died alone,
a long long time ago.
—D.B.

You have teased,
you have eased my flesh
in your transparence, my senses (man of liminal
contours, of sweet lucid eyes);
in the vast overflowing nakedness,
that loosens and gives;

(Like a slim window on the sea; like the delicate, insistent friction
of your voice.)
The waters: channels that reflect you (submerged skylight), your fluency,
    your edges:
clefts that reveal me.

—Because a glaze, a dense word, the living and dead,
    a fungal acridity, of lines,
of slime, of fruity carrion, a milky emission washes over us,
    brings us together, someone?
was someone speaking here?

I'm reborn, albinoid, to the sun:
glum distance toward the neuter which watches me, which I see.

Come here, over here; come and see their hands, fresh drops in
    the slush; come surround me.
(Evening taste, radiance of erect landscapes, of silken
    channels, arborescent, half-obscured;
the sea:
on this beach, among scattered, vitreous rumors.) You've dazzled,
tenderized

On whom does this light explode?

—You've shaped and stroked my body at your emanations,
at their clear chords. You've overwhelmed

de raíces, de espacios;
has ahondado, desollado, vuelto vulnerables (porque tus
    yemas tensan
y desprenden,
porque tu luz arranca —gubia suavísima— con su lengua,
    su roce,
mis membranas —en tus aguas; ceiba luminosa de
    espesuras abiertas,
de parajes fluctuantes, excedidos; tu relente) mis miembros.

Oye; siente en ese fallo luctuoso, en ese intento segado,
    delicuescente
¿A quién unge, a quién refracta, a quién desdobla? en su
    miasma

Miro con ojos sin pigmento ese ruido ceroso
que me es ajeno.

(En mi cuerpo tu piel yergue una selva dúctil que fecunda
    sus bordes;
una pregunta, viña que se interna, que envuelve los
    pasillos rastreados.
—De sus tramas, de sus cimas: la afluencia incontenible.
Un cristal que penetra, resinoso, candente, en las vastas
    pupilas ocres
del deseo, las transparenta; un lenguaje minucioso.)
Me has preñado, has urdido entre mi piel;
¿y quién se desplaza aquí?
¿quién desliza por sus dedos?

Bajo esa noche: ¿quién musita entre las tumbas, las zanjas?
Su flama, siempre multiplicada, siempre henchida y
    secreta,
tus lindes;
Has ahondado, has vertido, me has abierto hasta exhumar;
¿Y quién,
quién lo amortaja aquí? ¿Quién lo estrecha, quién lo besa?
¿Quién lo habita?

with roots, with roominess;
you've deepened, flayed, turned vulnerable (because your
    fingertips go rigid
and detach,
because your light extracts—sweetest track—with its tongue,
    its friction,
my membranes—in your waters; luminous ceiba of
    endless densities,
of changing places, exceeded; your dew) my limbs.

Listen; feel in that gloomy verdict, in that reaped intent,
    deliquescent.
Who is anointed, who refracted, who doubled? in its
    miasma

With unpigmented eyes I look toward that waxen clamor
that remains far off.

(In my body your skin raises a ductile forest, fecund at
    the borders;
a question, a vineyard that pervades, that embraces
    the traced passageways.
—From their wefts, from their heights: an irrepressible affluence.
A piercing crystal, resinous, glowing, in the wide
    ochre pupils
of desire, transparentizes them; a meticulous language.)
You've impregnated me, you're sewn into my flesh;
and who here is displaced?
who slips through whose fingers?

Beneath that night: who murmurs in the tombs, the trenches?
Its flame, multiplied always, always lavish and
    secret,
your edges;
You've deepened, spilled, you've opened me until the exhumation;
And who,
who shrouds the body for burial here? Who embraces it, who kisses it?
Who inhabits it?

Los ríos encrespan un follaje de calma

Tu voz (en tu cuerpo los ríos encrespan
un follaje de calma; aguas graves y cadenciosas).

—Desde esta puerta, los goces, sus umbrales;
desde este cerco, se transfiguran—

En tus bosques de arena líquida,
de jade pálido y denso (agua profunda, hendida;
esta puerta labrada en las naves del alba). Me entorno a tu
vertiente— Agua
que se adhiere a la luz (en tu cuerpo los ríos se funden, solidifican
entre las ceibas salitrosas. Llama —puerta de visos ígneos—
que me circundas y trasudas: sobre este vidrio, bajo estos valles esponjados,
    entre esta manta, esta piel

The Rivers Churn Up a Tranquil Foliage

Your voice (in your body rivers stir
a tranquil foliage; grave and cadenced waters).

—From this door, the pleasures, their thresholds;
from this ring, they're transfigured—

In your forests of liquid sand,
of dense, pale jade (deep water, cleaved;
this door carved into the naves of dawn). I'm unsettled
in your cascade— Water
clinging to the light (at your body the rivers merge, hardening
between nitrous ceiba trees. Flame —door of igneous glimmer—
you circle and sweat me out: over this glaze, under those spongy valleys,
    between this mantle, this flesh

Una luciérnaga bajo la lengua

Te amo desde el sabor inquieto de la fermentación;
en la pulpa festiva. Insectos frescos, azules.
En el zumo reciente, vidriado y dúctil.
Grito que destila la luz:
por las grietas frutales;
bajo el agua musgosa que se adhiere a las sombras. Las
    papilas, las grutas.
En las tintas herbáceas, instilantes. Desde el tacto azorado.
 Brillo
que rezuma, agridulce: de los goces feraces,
de los juegos hendidos por la palpitación.
        Gozne
(Envuelto por el aura nocturna, por los ruidos violáceos,
acendrados, el niño, con la base mullida de su lengua
    expectante, toca,
desde esa tersa, insostenible, lubricidad —lirio sensitivo que
    se pliega a las rocas
si presiente el estigma, el ardor de la luz— la sustancia, la
    arista
vibrante y fina —en su pétalo absorto, distendido— [joya
que palpita entreabierta; ubres], el ácido
zumo blando [hielo], el marisma,
la savia tierna [cábala], el néctar
de la luciérnaga.)

Firefly under the Tongue

I love you from the sharp tang of fermentation;
in the blissful pulp. Newborn insects, blue.
In the unsullied juice, glazed and ductile.
A cry that distills the light:
through the fissures in fruit trees;
under mossy water clinging to the shadows. The
    papillae, the grottos.
In herbaceous dyes, instilled. From flustered touch.
    Luster
oozing, bittersweet: from feracious pleasures,
from play splayed in pulses.
        Hinge
(Wrapped in the night's aura, in violaceous clamor,
refined, the child, with the softened root of his tongue
    expectant, touches,
from that smooth, unsustainable, lubricity—a sensitive lily
    folding into the rocks
if it senses the stigma, the ardor of light—the substance, the
    arris
fine and vibrant —in the ecstatic petal, distended— [jewel
pulsing half-open; udder], the acid
juice bland [ice], the salt marsh,
the delicate sap [cabbala], the nectar
of the firefly.)

FROM

TIERRA DE ENTRAÑA ARDIENTE

EARTH'S SMOLDERING CORE

1992

En la entraña del tiempo

El tiempo cede
y entreabre
su delicada profundidad. (Puertas
que unas a otras se protegen; que unas en otras entran;
    huellas,
rastros de mar.) Un otoño
de leños y hojarascas. En su fondo:
La espesura translúcida del placer; sus hiedras íntimas:
Oro:
foliaciones de luz: Fuego que enraiza en el metal florecido,
y un musgo fino,
incandescente.

In Time's Core

Time relents
and bares, ever
so slightly, its elusive depths. (Doors
safeguarding other doors; opening one into another;
    tracks,
vestiges of ocean.) An autumn
of logs and leaf piles. At its core:
The translucent thicket of pleasure; its intimate ivies:
Gold:
foliate light: Fire rooted to budding metal,
and a delicate moss,
incandescent.

FROM

LA VOLUNTAD DEL ÁMBAR

THE DISPOSITION OF AMBER

1998

La penumbra del cuarto

Entra el lenguaje.

Los dos se acercan a los mismos objetos. Los tocan
del mismo modo. Los apilan igual. Dejan e ignoran
las mismas cosas.

Cuando se enfrentan, saben que son el límite
uno del otro.

Son creador y criatura.
Son imagen,
modelo,
uno del otro.

Los dos comparten la penumbra del cuarto.
Ahí perciben poco: lo utilizable
y lo que el otro permite ver. Ambos se evaden
y se ocultan.

The Room's Penumbra

Language enters.

The two approach the same objects. They touch
them the same way. They stack them up equally. They let drop
and ignore the same things.

When they meet, they know they are the limits,
one of the other.

They are creator and creature.
They are image,
model,
each of the other.

The two share the room's penumbra.
There, they don't perceive much: what's useful
and what the other permits to be seen. Both are elusive
and both hide.

Desde esta luz

Desde esta luz en que incide, con delicada
flama,
la eternidad. Desde este jardín atento,
desde esta sombra.
Abre su umbral al tiempo,
y en él se imantan
los objetos.
Se ahondan en él,
y él los sostiene y los ofrece así:
claros, rotundos,
generosos. Frescos y llenos de su alegre volumen,
de su esplendor festivo,
de su hondura estelar.
Sólidos y distintos
alían su espacio
y su momento, su huerto exacto
para ser sentidos. Como piedras precisas
en un jardín. Como lapsos trazados
sobre un templo.

Una puerta, una silla,
el mar.
La blancura profunda,
desfasada
del muro. Las líneas breves
que lo centran.
Deja el tamarindo un fulgor
entre la noche espesa.
Suelta el cántaro el ruido
solar del agua.
Y la firme tibieza de sus manos; deja la noche densa,
la noche vasta y desbordada sobre el hondo caudal,
su entrañable
tibieza.

From this Light

From this light into which, with delicate
flicker,
eternity falls. From this wakened garden,
from this shadow.
The threshold opens to time
in which the things of the world
are magnetized.
They take on time's depth
and it sustains them and offers them up:
clear, round,
generous. Freshened and filled with time's exultant volume,
with its festive splendor,
with its deep starriness.
Solid and particular,
their space
and their moment fuse, their very orchard
of sensation. Like discrete stones
in a garden. Like pauses parsed
inside a temple.

A door, a chair,
the sea.
The limitless, inconstant
whiteness
of the wall. The few lines
that hold it together.
The tamarind casts its sheen
into the thick night.
From the vase escapes the solar
sound of water.
And the firm warmth of those hands; the dense night relinquishes,
the night vast and boundless above that deep abundance,
its intimate
warmth.

En los valles despiertos

Tus caricias,
sus caudales desatan esta flama, este viento,
abren con sus luces los campos, los despliegan,
los bañan. Las aves rompen el vuelo.
Sus alas, claros cristales,
sus picos suaves y finos, rasgan y dibujan
—en la yerba; en los valles despiertos
que recorren y habitan— paisajes ígneos,
higueras, flores de savias vivas y luminosas,
páramos,
brotes de arena espesa, yermos que la sed,
lenta noche de sal, que el deseo
regeneran: Los ciervos cruzan por los linderos.

In the Roused Valleys

Your caresses,
their profusion unfastens this flame, this wind,
they open fields with their light, they lay them out,
they rinse them. The birds break off their flying.
Their wings, clear crystal,
their beaks smooth and neat, they pry and draw
—in the grass; in the roused valleys
which they reclaim and inhabit— igneous passages,
fig trees, flowers coursing with living, luminous sap,
treeless steppes,
buds thick with grit, deserts that thirst—
slow night of salt—that desire
recreates: Stags cross the borders.

Mariposa

Como una moneda girando
bajo el hilo de sol
cruza la mariposa encendida
ante la flor de albahaca.

Butterfly

Like a spinning coin
threaded to the sun
the butterfly catching fire
at the sweet basil flower.

La brisa

La brisa toca con sus yemas
el suave envés de las hojas. Brillan
y giran levemente.
Las sobresalta y alza
con un suspiro, con otro. Las pone alerta.

Como los dedos sensitivos de un ciego
hurgan entre el viento las hojas;
buscan y descifran sus bordes,
sus relieves de oleaje, su espesor.
Cimbran
sus fluidas teclas silenciosas.

The Breeze

The breeze touches its fingertips
to the tender undersides of the leaves. They glow
and gently tremble.
They are startled and lifted
with a breath, with another. They come awake.

Like the sensitive fingers of the blind,
the leaves strum the wind;
they feel out and decipher its edges,
its surging outlines, its thickness.
They vibrate,
those fluid silent keys.

Imagen al amanecer

El agua del aspersor cubría la escena
como una niebla,
como una flama blanquísima, dueña
de sí misma, de su brotar cambiante, de su pulso
ritual
y cadencioso.
Un poco más allá y más allá hasta
tocar las rocas. Lienzos de sol
entre la cauda humeante; lluvia de cuarzo; interno
oleaje
silencioso. Un mismo
denso
movimiento lo centra; lo ahonda
en su asombrado corazón. Profundo, colmado
vórtice.
Renace, tenue, su palpitar. Marmóreo y lento
borbollón luminoso.
Un poco más allá, más allá, su tacto límpido
se estremece. Son remanso
las rocas
a su enjambre estelar, a su incesante,
encendida nieve. Por un momento se cubre
con su seda el jardín. Suavemente
los troncos ceden
y van tendiéndose sobre el pasto;
largas sendas oscuras bajo el tamiz
que inunda el amanecer. Cuando su lluvia
se ha expandido hacia el este
pesan menos las sombras
y los troncos se adensan y se levantan.
Vuelve entonces el arco
a resplandecer. Una llama reciente nubla la escena,
un olor de magnolias
y rocas húmedas.

Dawn Images

Water from the sprinkler obscured the scene
like a fog,
like white-hot flame, mistress
of itself, of its shifting spew, of its
ritual
and cadenced pulse.
A bit farther and farther still
it reaches the rocks. Sheets of sun
on the misty rim; quartz rain; an interior
silent
wave. Its own
dependable
movement centers it; sinks it
to its astonished heart. Deep, drizzling
vortex.
It restarts, in spurts, its palpitations. Marmoreal and slow,
bubbling brightness.
A little farther, and father still, its limpid stroke
shudders. They're sluggish,
the rocks,
in that stellar swarm, in its incessantly lit
snow. For a moment,
its silk slinks across the garden. Submissively,
the tree trunks give in
and bend out over the grass;
long dark paths beneath the sieve through
which dawn pours. When its rains
drift toward the east,
the shadows thin
and the trunks harden and straighten up.
Then the arc reappears,
resplendent. A new blaze obscures the scene,
a scent of magnolias
and wet rocks.

La actitud de los árboles

La actitud de los árboles,
su gesto,
es momentáneo.

The Posture of the Trees

The posture of the trees,
as gesture,
is momental.

Una piedra en el agua de la cordura

Una piedra en el agua de la cordura
abisma las coordenadas que nos sostienen
entre perfectos círculos

Al fondo
pende en la sombra el hilo de la cordura
entre este punto
y aquél
entre este punto
y aquél

y si uno
se columpia
sobre sus rombos,
verá el espacio multiplicarse
bajo los breves arcos de la cordura, verá sus gestos
recortados e iguales
si luego baja
y se sienta
y se ve meciéndose.

Stone in the Pellucid Water

A stone in the pellucid water
shatters the coordinates that sustain us
among perfect circles

Toward the back
in shadows, the thread of lucidity dangles
between this point
and that one
between this point
and that one

and if you
swing out
over its rhombi
you'll see space multiply
under lucidity's little arches, you'll see its gestures
re-faceted and identical
even if later you withdraw
and sit down
and find yourself reeling.

El hipotético espectador

El hipotético espectador
es complaciente.
Toma, entre dos dedos largos, los argumentos.
Como frutas redondas y luminosas los va ensartando,
uno tras otro,
con ostensiva delicadeza.

Palpa
y escucha.

Todo comienza de nuevo, y el hipotético
espectador vuelve a sentarse.
Vuelven los argumentos, más depurados, más escuetos.
Mira, toca, selecciona otra vez.

Ciñe detalles con dedos cómplices.

De pronto, sin transición,
se hunde en los tonos.
Sigue —ajeno— los gestos,
la actitud del que narra. Se ha esquinado
en el juego.

—El narrador lo siente y se incomoda—
Ve desde lejos sus cejas, su pulcritud
enfática, su boca lenta y callada,
como de pez.

Un desconsuelo mercurial se escabulle
entre las aguas quietas.
Un recelo de nutria,
de roedor;
su brillo alcanza
a tocar las frutas.

The Hypothetical Spectator

The hypothetical spectator
is complacent.
He holds, between two long fingers, the arguments.
Round, luminous fruits, he strings them together,
one after another,
with ostentatious refinement.

Fingering them
and listening.

It all starts again, and the hypothetical
spectator returns to sit down.
The arguments swarm back, purer and more pointed.
He looks, fingers them, selects another.

Complicit digits diddling with the details.

Abruptly, with no transition,
he sinks into their tonalities.
He's following —now from a distance— the gestures,
the disposition of the narrator. He's cornered himself
in the game.

—The narrator intuits this, feels ill at ease—
From far off, he sees the eyebrows, the emphatic
pulchritude, the mouth slow and silent
as a fish's.

A mercurial unease leaks
into the quiet waters.
The wariness of an otter,
or rodent;
its brilliance reaching
for the fruit.

Vuelve todo a empezar.
Cambian nuevamente de escena
y de espectador.
Entra. Se sienta.

Everything reverts to the beginning.
They order up a fresh scene
and a spectator.
Who enters. Who takes a seat.

Piedra en la arena

Juegan los dos con una piedra
que emana luz. Acarician
su tersura,
su densidad sobre la arena blanca. La contemplan,
la cubren. La hacen que gire con suavidad.
De pronto, uno de los dos la arrebata
y la arroja.
Los dos la buscan.
Esa inquietud gozosa
con que ahora nuevamente la miran
vuelve a romperse. Hay que buscarla otra vez.
El que la avienta
la acoge siempre
con grandes voces. El otro
empieza a mirarla ya
como si no existiera.

Stone in the Sand

The two play with a stone
that emanates light. They caress
its smoothness,
its specific weight on the white sand. They think about it,
cover it up. They turn it tactfully.
Without warning, one of them snatches it
and flings it off.
They both go looking for it.
That sweet unease
with which they see it again
makes them break into a sweat. They have to look for it again.
The one who throws it away
always welcomes it back
with thrilled exclamations. The other begins
to regard it
as if it ceased to exist.

Los murmullos

Entre sollozos débiles, sin aliento,
subía el callejón de piedras,
azuzada por su hermano, el mayor.
Pocas fuerzas
tenía para quejarse "Ándale" le decía,
"Ándale." Marta (¿se llamaba
realmente así?
¿o es el recuerdo del vestido amarillo,
pálido, también, contra la luz del muro?)
jugaba conmigo en el zaguán de la casa.

[Un día Lorenza nos dijo, entre los macetones,
bordeada por los mosaicos y la bruma de helechos,
que su esposo había muerto
de un dolor de barriga.
"¡De un dolor de barriga! —pensé—, entonces todos
nos podemos morir."
Marta, terca, cantaba:
"Naranja dulce, limón celeste,
dile a María que no se acueste,
pero María ya se acostó,
llegó la muerte y se la llevó."]

No la vi más.
Al día siguiente escuché, aturdida,
frente a mi puerta, los murmullos. Un borbollón
de gente, un bullir amarillo, como de abejas,
rezumbaba y fluía.
Entre la miel espesa de perfumes y luz,
entre el temblor confuso de humo y flores.

Supe después
que mi amiga había muerto. Se había acostado
y había muerto.

The Murmurs

Sobbing feebly, out of breath,
she went up the stone alley,
spurred on by her brother, the oldest.
Not enough energy
to complain—"Come on," he was saying,
"Come on." Marta (is that
name even real?
or the memory of her yellow dress,
likewise faded, against the light on the wall?)
played with me in the foyer of the house.

[One day Lorenza told us, among the flowerpots,
bordered by mosaics and the blur of ferns,
that her husband had died
from a stomach ache.
"From a stomach ache!" —I thought—, "then
all of us can die."
Marta, intransigent, sang:
"Sweet, sweet orange and heavenly lemon,
warn Maria that she shouldn't lie down,
but Maria by then, in her negligee,
fell fast asleep and death took her away."]

I didn't see her again.
But later, I heard, bewildered,
at my door, the murmurs. A bouillon
of people, a yellow commotion, like bees
buzzing and rustling.
Through the thick honey of perfume and light,
through the tremor spiked with smoke and flowers.

I understood later
that my friend had died. Had laid down
and died.

En el día me quedaba a contemplar el muro
descascarado a medias
de su casa.
En la noche cruzaba las manos sobre mi pecho,
como las santas.
Así, si me moría de noche, como Marta,
podría irme al cielo.

During the day I stayed back to contemplate
the half-peeled wall
of her house.
At night I crossed my hands over my chest,
like the saints.
So, if I died during the night, like Marta,
I would go to heaven.

Que ahorita vuelve

Te hace una seña con la cabeza
desde esa niebla de luz. Sonríe.
Que sí, que ahorita vuelve.
Miras sus gestos, su lejanía,
pero no lo escuchas. Polvo
de niebla es la arena.
Polvo ficticio el mar.
Desde más lejos, frente a ese brillo
que lo corta te mira,
te hace señas. Que sí, que ahorita vuelve.
Que ahorita vuelve.

What Even Now Returns

With a little head movement, it sends you a signal
from that haze of light. It smiles.
What yes, what even now returns.
You mark its gestures, its remoteness,
but you can't make it out. Powdered
haze, that's what sand is.
The sea, a fictitious powder.
At a distance, against the brilliance
it cuts off, it watches you,
it sends you signals. What yes, what even now returns.
What even now returns.

Luz derramada sobre un estanque de alabastro

Una pequeña piedra transparente
y en ella,
la deslumbrada alegría del sol.
Eres el canto del agua
y entre sus hebras, el canto fresco
de la alondra, el viento suave
al amanecer. Luz derramada
sobre un estanque de alabastro.
Sobre sus aguas:
el azahar
y el jazmín.

Light Spilled across an Alabaster Pond

A small transparent stone
and inside,
the dazzled solace of the sun.
You are the water's voice
and between its filaments, the high cry
of the lark, the moist breeze
at dawn. Light spilled
across an alabaster pond.
Over its waters:
lemon blossom
and jasmine.

La voz indígena

Es un dolor
de voz que se apaga. De voz eterna
y profunda
que así se apaga. Que así se apaga
para nosotros.

The Indigenous Voice

It's the dolor
of the voice that is stopped. Of that timeless
and profound voice
that just like that is stopped. That just like that
dies to us.

Personajes bajo otro tiempo

Lo que no es
comienza a ser con vehemencia.
Abre y enciende escenas,
las echa a andar. Bajan
los personajes y entran con soltura
a los cuartos. Prenden
la estufa y se hacen un té. Jalan sillas,
se sientan
y platican. Afuera la lluvia arrecia.
No hay paraguas
suficientes. Se quedarán.
Bajo este tiempo sin huellas
pasarán otra noche. Lo que es
ya no es.

Players out of Time

What is not
comes violently into being.
Drawing open and lighting up scenes,
it sets them in motion. Players
file in and casually fill
the rooms. They start
the stove and make tea. Drag over
the chairs, sit, and
shoot the breeze. Outside, the rain comes on.
There aren't enough
umbrellas. They stick around.
Out of this traceless time,
they will make another night. What is
already is gone.

ESE ESPACIO, ESE JARDÍN

THAT SPACE, THAT GARDEN

2003

I

—Olor de musgo.   De gardenias
entre madera mojada.   —De barro tibio entre viñedos.

La muerte
es el hilo de oro que enredamos entre los muebles,
entre las plantas límpidas del jardín.
Es la palabra del inicio;   es tu risa
colmando
con su fuente la casa, con su cristal sonoro
el ámbito nuevo, eterno;
con su candor resplandeciente, con su ardor matinal;
cada lugar llevado a su raíz por la infancia,
a su clarísima ignición es tu luz; y a tu mirada se abre
lo que aún se enciende.

El tiempo
es un trazo fino
sobre el vasto poliedro.

La muerte,
a gatas entre los muebles,
interpone sus preludios:
las caobas rollizas

y advertir al bufón.

—Cae dormido el bufón
sobre el sofá teñido de un verde líquido.   —Aguamarina
entre guirnaldas lila.

A su izquierda
la mesita blanquísima.
Sus dedos rozan la moneda de luz.

I

—Scent of moss.   Of gardenias
among the wet wood.   —Of warm mud in the vineyards.

Death is
the gold thread we get tangled between pieces of furniture,
between the gleaming plants in the garden.
It's the word of initiation;   your laughter,
its fountain
filling the house, its sonorous crystal
filling the fresh, endless space;
with its resplendent candor, with its matutinal ardor;
each place, borne to its source in infancy,
to its vivid ignition, is your light; and to your eyes it reveals
what it still illumines.

Time
is a fine line
drawn around the vast polyhedron.

        Death,
        on all fours with the furniture,
        interposes its preludes:
        the shapely mahoganies

            and reveals the joker.

—He falls asleep, the joker,
on the sofa stained with green ink.   —Aquamarine
among lilac garlands.

On his left,
the bright white table.
His fingers massage a coin of light.

La sala es el efecto y la tensión de esa luz,
es su tacto furtivo; el espesor
de un pensamiento, su hilaridad.

—Sobre la cama los juguetes. La llave.

    La muerte
es el lugar que se tiende en este objeto compacto
y delicado.
Una clara postura que articula el bufón;
la inclinación
de su cuadrícula.

El brillo suave del mar. El laberinto
de un nautilus. Su levedad ensimismada
deja su acorde grave,   su placidez.

*

(Olor de lluvia al amanecer.
Olor que acerca e ilumina las tejas.

Desde un eje de luz: el día en que el agua alumbra
el terregal rosado. El resplandor de los arroyos
contra el fluir de la ladera.
El portal de la casa.   La clara estancia
de su muerte; y su remanso.

Vimos su sombra descorrerse en la estancia como en el filo
de un domingo:
el sol licuando las terrazas,
*   el mar abriendo su lentitud.)*

*

Esa acendrada magnitud, esa risa
cristalina la aprehende y la formula aquí. Su desgranada
transparencia.   —En el tiempo, su cifra

The room is the expression and tension of that light,
is its furtive touch; the thickness
of a thought, its exhilaration.

—Around the bed, toys. The key.

　　Death
is the place sprawling inside this delicate
little object.
A certain position the joker articulates;
the slanted checker-work
of his motley.

The sea's calm sheen. The labyrinth
of a nautilus. Whose inward buoyancy
permits its momentous balance,　　placidity.

*

(Scent of rain at dawn.
Scent streaming over and lighting up the roof tiles.

From an axis of light: the day in which water illuminates
rose-flecked dust. The radiance of the arroyos
banked against the sweeping slope.
The portal of the house.　　The very living room
of death; and its retreat.

We saw its shadow trickle into the room like the tip
of Sunday:
sun liquefying the terraces,
*　　the sea yawning open.)*

*

That mentholated splendor, that crystalline
laugh gathers and forms here. Its unshelled
transparency.　　—In time, its symbol

es un vitral:

Sus infinitas variaciones reflejan
esta irradiada resonancia: el bufón, su voz

fijando el escenario,
sus entrañables cortinajes; la luz
que incide en el cristal.
Porque la muerte tiene, en el torneado corazón
de la vida
encajados sus vértices. Y con ellos inicia y en ellos abre
una extensión:

la del espacio que transcurre.

Mira tu mano.
Mira la moneda girar;
mira los gestos
trabar su espacio, su secuencia. La sensación
de su secuencia;
mira el gesto que engendra
la sensación,
el cuerpo nítido que esboza,
que articula; es un pájaro

arqueado este vacío, es una línea enmarañada
su interludio burlón.

Todo esto

se registra;   todo
se desvanece

—En el tiempo que se urde y se recorre.   Todo traba
su gozne; silba
el bufón
su acaecer.
Silba en el bosque
su abrasivo deleite, su irisado

is a panel of stained glass:

      Its infinite variations reflect
      such a radiant reverberation: the joker, his voice

      pinning the scene in place,
      its endearing curtains; the light
      falling through the glass.
Because death has inserted, into the lathed heart
of life,
its vertices. And with them it founds, and through them it opens
a new dominion:

that of elapsing space.

      Look at your hand.
      Look at the spinning coin;
      consider the gestures
      determining place and sequence. The sensation
      of sequence;
      consider the gesture that engenders
      the sensation,
      the definitive body it outlines,
      articulates; it's a bird

      arcing across this emptiness, it's a tangled line,
      its interlude, burlesque.
                        All this

is registered;   all of it
dehisces

—In the time that gathers and overruns itself.   Everything is
hinged together; the joker
whispers
himself into being.
He whispers in the forest
his ardent delight, his place,

lugar.   —Silba su gozo

inextricable.

*

La niña
de luz de plata,
bajo la noche transparente,
recibe —como una ofrenda derramada—
los dibujos del mar.

. . .

iridescent.   — He whispers his pleasure,

inviolable.

*

                        The girl
of silver light,
under the transparent night,
receives —like a spilled offering—
the drawings of the sea.

. . .

II

Oigo tu voz; la siento entreverarse,
encender. Algo
dijiste entonces,
de tal modo,

de tal modo que siempre crece; crece y se extiende
como una hiedra, como una selva,
como una arena
luminosa.

*

¿Qué es lo que entorna mi vida en el dintel
de esa voz?
¿Qué es lo que toca de su brillo profundo
y entre el rumor
de su cascada oscura?   *Agua*

de fluida luz.   Agua
de entramados relieves.

—*Que en sus costas se tiendan y humedezcan las sombras,*
que en sus cuencas florezcan. Que en su dorada red

como ofrenda ancestral se esparzan
y en ella arraiguen, y en ella cifren su simiente.

Que ante el profundo umbral,
donde las urnas y las piedras
descansan, la lluvia encienda
su cadencia.
     Deja
que entre sus brillos
y entre las suaves hebras de su espejo
anochezca.

I hear your voice: feel it, folding into the mix,
igniting. Something
you said then,
in that way,

in that way that always comes to pass; arrives and flourishes
like ivy, like a forest,
like luminous
sand.

                                    *

What is it that jars open my life under the lintel
of that voice?
What's so touching about its lacquered depths
and in the whispering
of its dark cascade?   *Water*

of fluid light.   *Water*
of palimpsestic reliefs.

—That on its coasts shadows might be scattered and watered,
might bloom across the catchments. That in the water's gilded net,

like an ancestral offering, they might disperse
and take root there, and there deposit their seed.

That before the limitless umbrae,
where urns and rocks
settle, rain kindles
a cadence of its own.
    And so permits,
between chips of light
and between the mirror's fine grains,
darkness to fall.

*

Es la noche el lugar
que ilumina el recuerdo.

Es una vasta construcción
sobre el mar.   Es su despliegue

y su secuencia.
Amplios corredores se extienden sobre blancos pilares.
Las terrazas abiertas sombrean las olas,
y uno se interna y cruza
por insondables extensiones.

Va la mirada inaugurando los trazos,
van las pisadas centrando la inmensidad.
Y su perfil
cambiante se va trabando.
Y su emprendida solidez
nos va infundiendo una claridad: la del espacio
que se entrelaza. Vemos
transparencia en los muros, transparencia en las densas,
despiertas olas y una alegría nos roza como un augurio,
como la aleta fina y sigilosa
de un pez.

Es la memoria el viento
que nos guía entre la noche
y en ella funde
su tibieza: Nos va llevando,
nos va cubriendo con su aliento. Y es su suave premisa, su
levedad
la que entreabre esas puertas:

Balcones, cuartos,
aromados pasillos. Salas
de inextricable y nítida placidez.   Ahí,
entre esplendores recién urdidos,
bajo el espacio imperturbable, recobramos, a gatas,

86   *ESE ESPACIO, ESE JARDÍN*

Night is the place
that illuminates memory.

It's an enormous structure built
over the sea.   It's an unfolding

and a sequence.
Endless walkways extended over white pillars.
Open terraces shadow the waves,
and one turns inward and crosses
unfathomed realms.

Perception goes out, marking silhouettes,
footsteps go out, centering the vastness.
And night's shifting
profile goes on pulling one thing toward another.
And the solidity, as we understand it,
infuses us with its clarity: which is space
interlaced with itself. We see
transparence in the walls, transparence in the thick,
restless waves and a happiness grazes us like an augury,
like the sharp and delicate fin
of a fish.

It is memory, the wind
guiding us through the night
into which its coolness
is fused: It goes hauling us with it,
goes sheathing us in its breath. And its delicate premise, its
buoyancy,
budges open the doors:

Balconies, rooms,
aromatic corridors. Parlors
of inviolable and definitive placidity.   There,
among marvels recently gathered together,
below the imperturbable space, we recoup, on all fours,

la expresión de los muebles,
su redondeada complacencia: Todo
nos cubre entonces
con una intacta
serenidad.   Todo
nos protege y levanta con gozosa soltura.
Manos firmes y joviales nos ciñen
y nos lanzan al aire, a su asombrosa, esquiva, lubricidad.
—Manos entrañables
y densas. Somos
de nuevo risas,
de nuevo rapto bullicioso,
acogida amplitud.

Todo
nos retoma y nos centra,
todo nos despliega y habita
bajo esos bosques
tutelares: Agua
goteando; luz
bajo las hojas intrincadas del patio.

                                        *

Cedro, sándalo,
acendrado eucalipto.
Ahí volvemos,
ahí enredamos nuestras voces. Y un bienestar
incontenible, una ceñida plenitud
nos embriaga.
Somos, entre esos trazos, inmensidad.
Somos su deslumbrada coyuntura.
Y así cruzamos,
rodeando siempre ese centro,
bordeando siempre esa calidez, ese meollo intacto
de hacinada ternura, por la noche sin fin,
por sus pasillos
insondados.   Así volvemos:

the aspect of furnishings,
their comely complacency: Everything
sheathes us then
in an intact
serenity.   Everything
protects and lifts us with blissful facility.
Hands, firm and friendly, grip us
and fling us into the air, into its astonishing, elusive, lubricity.
—Hands endearing
and thick. We are,
from new laughter,
from boisterous new rapture,
gifted with amplitude.

Everything
takes us in and centers us,
everything unfolds and inhabits us
beneath those tutelary
forests: Water
dripping; light
under the patio's intricate leaves.

                              *

Cedar, sandalwood,
mentholated eucalyptus.
We return there,
there we weave together our voices. And an unrestrainable
well-being, a concentrated plenitude
intoxicates us.
We are, among silhouettes, pure immensity.
We're its dazzling occasion.
And so we continue,
always circling that center,
always verging on that heat, that intact pith
of heaped-up tenderness, through the night without end,
through its indecipherable
passages.   So we come back:

por el lugar
que han conservado aquí,
que han emprendido aquí
para nosotros.

*

Ellos, los muertos, nos miran con sus ojos ahondados,
con su encendido corazón, y un desconcierto de niños,
un sobresalto desolado nos toca,
una tristeza oculta.
¿Dónde?
¿Dónde dejamos ese espacio?
Y en sus ojos precisos y extrañados miramos
esa misma pregunta:
¿Dónde? ¿Dónde dejamos,
dónde dejamos ese espacio?

through the place
that they've preserved here,
that they've undertaken here
for our sake.

*

Those, the dead, they watch us with their deepened eyes,
with their inflamed hearts, and a bewilderment of children,
a desolate jolt startles us,
a private sadness.
Where?
Where did we leave behind that space?
And in their eyes, sharp and amazed, we see
that same question:
Where? Where did we leave,
where did we leave behind that space?

Y es en la noche niña, en su apretado corazón
donde se abre ese jade.
Donde fluye y se entorna
ese jardín. Es en los ojos vivos
del jaguar de la noche:
Un parpadeo es el sueño,
otro es la muerte que ahora canta
con acendrada suavidad.
Y su voz cadenciosa es un murmullo
de madre joven.

Toca su voz el filo
y el caudal de las cosas. Toca su sorprendido
corazón.

*

Ojos de jaguar son las hojas que cimbra el viento.
Fuego las deslumbradas mariposas.

Y su voz se abre a un hondo cavilar de la tierra,
a un hondo y tierno rememorar: lo que guarda,
lo que protege;   lo que ahora nace
entre las sombras.

Es su canto ancestral una cascada suave,
una ventana abierta a los cantiles del sol.

Todo
era incendio entonces:
los juegos, las buganvilias, los ígneos cercos
de los tabachines.

Como un jaguar que en la noche
se desplaza entre lirios. Como jazmines
que enciende el viento

III

And it's in the young night, its clenched heart
where jade is cracked open.
Where that garden flows out
and upends. It's in the living eyes
of the jaguar of the night:
One blink is the dream,
another is death singing
with undisguised tenderness.
And its singsong voice is a young
mother's whisper.

Her voice touches the edge
and the volume of things. Grazes the astonished
heart.

*

The eyes of a jaguar are leaves trembling in the wind.
Fire, the dazzling butterflies.

And her voice opens a depth in the earth's meditation,
in the earth's own sweet recollection: which she shelters,
which she protects;   which she brings to birth
in the shadows.

It's her ancestral song, a gentle cascade,
a window opened to shelves of sun.

Everything
was torched then:
the games, the bougainvillea, the igneous halos
of the blossoming tabachin trees.

Like a jaguar that, at night,
coincides with wild irises. Like jasmines
the wind enflames,

sus palabras se tocan: Su canto fluye
y nos despierta.

*

Una línea muy fina es el crepúsculo.

Rojo

sobre un sepia
animal.

her words are touching: Her song flows out
and wakes us.

*

The twilight is a very thin line.

       Red

fringing an animal
sepia.

Cruza la zorra blanca bajo otro plano;
su huella enciende la montaña. Risas:
amarillo que canta. Soles templados
frente al azul.
Un arroyo entre llamas,
un enjambre de luz el murmullo del álamo;
un susurro de arena,
de semillas.
La zorra mira, se esconde; es también la nieve.

Cada sol que se asienta en su blancura deja un mar de quietud,
cada moneda suave,
cada hoja precisa y redondeada un umbral,
un silencio que envuelve.

*

¿Y qué
si aquel que cruza entre los setos;
si aquel que baja
y se detiene ante el brocal hundido de la muerte
   es un niño?

¿Y si esa niña que vuelve,
cruza la sala, el cerco
de miradas, de luto   —ella,
la que rehuía su rastro,
su peso ahí,
su hueco oscuro, corriendo,
volteando y corriendo a trechos entre muebles sin gesto?
¿Ella, en quien un hondo pozo de ternura se enreda ya
y urde veneros y raicillas, profundos huertos— entra
tiritando,
a esa sala, y de ahí la entrevé:
Un peldaño de hielo
y otro?

*

VI

The white fox switches back below another plateau;
her footfall lighting up the mountain. Laughter:
a yellow that sings. Suns fused
to the blue.
An arroyo flanked by flames,
a swarm of light, the murmur of poplars;
a whisper of sand,
of seeds.
The fox looks up, conceals herself; goes to snow.

Each sun seating itself in its whiteness leaves behind a silent sea,
each shining coin,
each leaf exact and rounded, a threshold,
an embracing silence.

*

And what
if the one who cuts through hedges;
if the one who goes down
and pauses at the sunken orifice of death
    is a child?

And if that girl who returns,
crossing the living room, the circle
of appearance, of mournful glances   —she,
who used to sidestep its trace,
its weight there,
its tenebrous void, bolting,
turning and bolting in fits and starts between gestureless furnishings?
She, in whom a deep shaft of tenderness already intrudes
and gathers springs and rootlets, vast orchards—   she enters,
shivering,
the living room, and from there I glimpsed her:
One icy step on the stair
and another?

*

¿Y qué de ese dolor sin fondo,
de ese mar ya vaciado, negro
entre lo negro sin bordes?   Algo ficticio
tiembla, se burla dentro.

Un alfil; un perímetro.
Una fisura que así respira.
      Garabato que finge:
y ahí su absurdo, su persistencia,
su abyecto alarde.   Azuzante
y falaz
        es el vacío: Nada
que en él despierte.
Sólo altivez.
Sólo su error oblicuo.
Imperturbable.

¡Un instante,

un instante tan sólo del calor de su cuerpo,
su entrañable extensión.

Sólo un instante
de sus ojos, sus manos!

Acallante y tenaz es el vacío,

            —Nada, nadie
que en él despierte.

                              *

La zorra mira,
se detiene.

Años, siglos, de ver la nieve. De ver quietud
en la montaña.

                              *

And what of that unfathomed grief,
of that sea already drained, black
among the borderless blackness?   Something fictitious
trembles, mocks itself within.

A chess piece; a perimeter.
A fissure that gasps there.
      A sham charm:
and so its absurdity, its persistence,
its abject display.   Baiting
and misleading,
      this emptiness: Nothing
could wake from it.
Only arrogance.
Only its oblique mistake.
Imperturbable.

An instant!

an instant isolated by the body's heat,
its endearing reach.

Only an instant
in the eyes, the hands!

Hushed and tenacious, this emptiness,

            —Nothing, no one
could wake from it.

                              *

The fox looks up,
pauses.

Years, centuries, of seeing the snow. Of witnessing
the quiet on the mountain.

                              *

¿Y cómo, desde ahí,
desde ese filo, ese grito
retenido, desde esa abrupta
orfandad, se extiende un reino?

Un brillo suave entre los crisantemos. Una palabra,
una textura.

*

Todo el peso,

el delirio, de la piedra,   su vastedad,
se transparenta.
Todo el reflujo ardiente de la piedra.

Es trazos leves y frescura
la montaña; su luz.
Lenta cascada entre la calma su ceñido cristal.
Lenta, torneada flama
su interno gesto contenido: Mar
que resguarda. Aliento intacto
que protege.
Brasa profunda que fluye y se alza
desde otro tiempo,
bajo otro rapto, otras fisuras.

Todo el deslave pétreo de las nubes,
su torneada unidad.

*

¿Y cómo, desde ahí, desde ese espejo
que se ovilla?
        Otra

la mirada animal,
su hondura suave, su caricia.   Tiempo que irradia

entre las hojas.

And how, from that point,
from that edge, that restrained
yelp, from that abrupt
abandonment, might a dominion extend?

A cool brilliance among the chrysanthemums. A word,
a texture.

*

All the weight,

the delirium, of rock,   its vastness,
transparentizes.
All the blazing reflux from the rock.

It is all silhouette, fleeting and cool,
the mountain; its light.
Slow cascade through the calm, its channeled crystal.
Slow, lathed flame
its inner gesture contained: Guardian
sea. An intact, sheltering
breath.
Hot coals rivering and rising up
from another time,
beneath another rapture, other fissures.

All the stony washout of the clouds,
their sculptured coherence.

*

And how, from here, from that mirror
folding in on itself?
            The other,

the animal gaze,
its mellow depths, its caress.   Time radiating

into the leaves.

IX

—Los niños entran en esa luz. Ese esplendor
que se entrevera, esa asonancia,
esa espesura intacta entre las cosas,

y ahí se aíslan,

se acurrucan.

(Toca, con la mejilla, el suave confín del muro:
Su calma viva, su volcado saber   —Su afable, fresco,
pronunciarse)
—Ese caudal que irradia entre las cosas: Su discurrir

bajo una oscura
duración.

*

Y ellos, los que se aman, se vuelven y así entreven.
Así se entornan y se abisman.

Urden y entreabren en la trama ese espacio,
ese jardín que es eco

e imantación.   Honda espesura,
sol.

—Sombra que incita, que devela.   Ellos,
que al tocarse se acendran
y unen cadencia
e infinitud,   tibia tersura
y universo. Templo.

(Toca el bufón el filo
tangencial de las cosas.   Toca sus sombras.)

IX

—The children come into that light. That splendor
shot through with itself, that assonance,
that intact thickness of things,

and there they seclude themselves,

huddling together.

(Touching, with a cheek, the smooth edge of the wall:
whose living tranquility, whose altered understanding —Whose affable, fresh,
articulation)
—That volume radiating through the things: Its discourse

under a dark
durance.

*

And they, who love each other, return and so divine it.
They're jarred loose, they fill with depth.

They weave and open in the texture that space,
that garden which is echo

and magnetization.   Deep thicket,
sun.

—Shadow that incites, that discloses.   Those,
who in touching purify themselves
and join cadence
and infinitude,   warm sheen
and universe. Temple.

(The joker touches the tangential
ridge of things.   Touches its shadows.)

—Que en sus caricias traban
un comienzo, un remontable transcurrir: Magma, lugar
que habita,   dejan
ahí su ardor, su hondo, abrasivo
sentimiento.
Lo dejan en esa trama, en ese asido
torrente,   y es su fuego
sustancia.

*

Esa quietud que se abre entre las cosas, esa avidez.

—Como el borde apacible de un oráculo, como su rastro suave
cambiando siempre; siempre cediendo su manantial
en trazos finos que trastocan.
Siempre viendo a través.
Volviendo al fondo en la acendrada superficie.

—Y ellos, que así entrevén,
que así se toman, se traslucen.

Esa amplitud entre las cosas, esa fluidez.
Ese impulso que abarca, que sostiene: ese oscuro
saber   y su rebalse generoso.

(Una arista es el bufón,
una mirada
   que entreabre un margen. Que traza y deja
un dintel. Ve desde fuera
una rendija.   Junta las hojas.

—Sobre la mesa intacta la moneda de luz, los trazos limpios
de un nautilus. Su delicada
convergencia, su umbral.)

Esa quietud que se ahonda entre las cosas, esa embriaguez.
Ese meollo asible de hacinada ternura,

—They, who under their caresses bind together
a beginning, a traversable, elapsing realm: Magma,
a dwelling place,   there they leave
their ardor, their depth, their inflamed
feeling.
They leave it in that weft, in that torrent
they've seized,   and its fire
is substance.

                                        *

That quietude opening onto things, that avidity.

—Like the tranquil threshold of an oracle, like its constantly
shifting portent; its stream constantly branching
into fine, crazed lines.
Constantly seeing slantwise.
Returning to the foundation in the pure surface.

—And they, who see so glancingly,
who are so taken, they go translucent.

That amplitude among the things, that fluency.
That impulse which binds, which sustains: that dark
knowing   and its generous pooling.

(The joker is an arris,
a glance
      that budges open the border. That devises and
leaves behind a lintel. From where he stands apart, he makes out
the gap.   He joins the sides.

—Above the intact table the coin of light, the clean lines
of a nautilus. Its delicate
convergence, its threshold.)

That quietude deepening between things, that intoxication.
That graspable marrow of heaped-up tenderness,

ese delgado

envés.

Los muertos vuelven también allí.

De allí nos miran; nos reflejan. Nos orillan

a ver.
                    Unen

la luz del tiempo, las estancias abiertas, incesantes,
del tiempo, su entramado acaecer,
sus desbordadas resonancias en el cenit
de una alcanzada desnudez: este gozo que vuelve,

nítido.

Esta radiante

hilaridad.   Esta risa que funda
y su fisura.

—Como un venero, un amuleto.   La fuente oculta
de un jardín.

Este huerto, este rapto
que heredamos
como una abierta melodía entre la noche, como un destello,
                                             una pregunta,

este cuerpo

                              *

y su sed.

—De allí nos hablan,
de allí nos llaman, como entre sueños.

that thin

back side.

    The dead also return there.

From there they spot us; consider us. They compel us

to see.
      They join

time's light, time's open, never-ending rooms,
its palimpsest as it comes to be,
its resonances overflowing the peak
of a completed nakedness: this pleasure that returns,

well-defined.

This radiant

exhilaration.   This founding laugh
and its fissure.

—Like a spring, an amulet. The hidden fountain
of a garden.

This orchard, this rapture
we inherit
like an open melody between the night, like a flash,
                a question,

this body

                   *

and its thirst.

—From there they speak to us,
from there they call to us, as between dreams.

De un sueño a otro

nos llevan.

De un sueño a otro nos trazan,   nos transparentan.

Como rasgos muy tenues en un paisaje.
Como respiros.   De un sueño a otro buscamos
la solidez: este fuego
que enlaza, que perdura.
Esta pasión que arraiga,
que arrebata, y su acentrado contrapunto,
este sentir que engendra.   *Y a tu mirada se abre*
lo que aún refleja.

      Unen
la luz del tiempo,   las estancias abiertas, incesantes,
del tiempo, sus remontables laberintos, su abarcable acaecer:

Este aliento,
esta savia que funde, que transluce, que nos envuelve
como un oleaje,
como un acorde: Estos contornos íntimos.

—Un giro breve del cristal.   —Una arista de luz.

Una textura.   Una palabra.

      —Porque la muerte tiene
en el colmado corazón de la vida
enraizados sus vértices,

                              y en ellos arde,

en ellos cede,   en ellos une

esta espesura.

From one dream to another

they carry us.

From one dream to another they trace us,   they transparentize us.

Like very faint traits of a landscape.
Like breath.   From one dream to another they search out
something solid: this fire
that enlaces, that endures.
This passion that takes root,
that enraptures,   and its skewed counterpoint,
this engendering feeling.   *And for your eyes it reveals*
what it still reflects.

     They join
time's light,   time's open, never-ending rooms,
its surmountable labyrinths, its embraceable coming to be:

This breathing,
this founding sap which transluces, which whelms us
like a surging wave,
like an accord: These intimate contours.

—A quick spinning of the crystal.   —An edge of light.

A texture.   A word.

     —Because death has rooted,
in the fertile heart of life,
its vertices,

                              and in them life burns,

in them it surrenders,   in them it joins

this thicket.

CUARTO DE HOTEL

HOTEL ROOM

2007

Comenzaron a llamarte

Comenzaron a llamarte las piedras, respiraban,
sus numerosos rostros, su palpitar
gesticulante,
desde los muros. Veías
la entrada de la cueva y sabías. Tótems
fundiéndose. Una
respiración sobre otra. Es para ti. ¿Y qué habría
sido?
¿Y de ti qué habrían ganado y para qué?
Pero no entraste, sólo
te quedaste mirándolas.

They Began to Call You

They began to call you, the rocks, breathing,
their innumerable visages, their gesticulant
throbbing,
from the cliff face. You could see
the entrance of the cave and you knew. Totems
fusing together. One
respiration over another. It's for you. And what could it
have been?
And what would they have won from you and for what?
But you didn't enter, only
stood there taking it in.

Los cuartos no son como deben ser

Los cuartos no son como deben ser
ni son la suma que aparentan. Surge
su diario esbozo del contacto:
Del perfil que protege en los objetos
y que éstos brevemente le dan.
De los rasgos cambiantes
que comparten.

Ellos se saben, se definen en esos bordes,
como en los filos de un espejo:
ese sentir delgado que une el espacio a la solidez,
que la corta y conjuga en su incesante trazo.

The Rooms Aren't What They Appear to Be

The rooms aren't what they appear to be
nor are they the sum of what they seem. What comes clear
is their daily record of contact:
From the contours that rooms impress on objects
and that objects briefly lend to rooms.
From the changeable features
they share.

They know themselves, define themselves at those borders,
as at a mirror's edge:
that thin feeling that sews space to solidity,
that severs and couples it in a ceaseless drafting.

Era sólo un sonido

No era un respiradero
ni un ancho tubo pulsante
en donde estaba inmersa.
Era sólo
un sonido que el techo maternalmente
apagaba
si me veía extenderlo. Si lo veía reconcentrarse
y gesticular en mí.

It Was Merely a Sound

It was neither an iron lung
nor a huge pulsing tube
in which I was immersed.
It was merely
a sound, and the ceiling maternally
turned it down
as it came out of me. As it intensified
and writhed inside me.

Cuando alguien entra en un cuarto

Cuando alguien entra en un cuarto
reemplaza el tiempo, la trama,
de su red de incidencias. Cada mínimo
rasgo, cada gesto,
cada espacio mental y su sensación,
filtran su habitado contexto, elástico
interponerse,
propiciar.
Innumerables concreciones posibles
despiertan,
desencadenan. —Todas coinciden
y se afectan:

La piedra
que va a caer
cambia el pozo
y el agua
que inexorablemente, en su descenso,
la alteran.

Todos entran al cuarto,
todos lo observan.

When Someone Enters a Room

When someone enters a room,
time and plot shift
in their web of occasion. Each minimal
aspect, each gesture,
each mental space and its sensation,
filters the lived context, elastic
intercession,
seeking favor.
Countless possible concretions
awake,
shake loose. —All of it runs together
and fills with feeling:

The rock
about to fall
alters the well
and the water
that inexorably, as it drops,
alters it.

Everyone enters the room,
everyone takes it in.

¿Qué querían decir?

¿Qué querían decir, insinuar,
esas caras?
¿Qué querían decir desde su incisivo
lugar común, sus burdos tajos,
su fijeza, una después de otra? Muecas
grotescas, arcaicas,
secas. ¿Qué querían incitar, decir?
Dueñas de otro lenguaje,
de otro sentir ya desmentido. —Abría los ojos
para dejar de ver.
Para no articular lo que añadían sus gestos,
para no conceder. ¿Qué querían concitar, decir?

What Were They Wanting to Say?

What were they wanting to say, to insinuate,
those faces?
What were they wanting to say from their incisive
commonplace, their crude gashes,
their fixations, one after another? Grotesque
scowls, archaic,
dried-up. What were they wanting to incite, to say?
Keepers of another language,
of another feeling already belied. —I would open my eyes
to keep from seeing them.
To keep from acknowledging what their gestures amounted to,
to keep from giving in. What were they wanting to stir up, to say?

Entre estas ruinas

Este hotel es una antigua escuela,
uno lo siente a pesar del tiempo.
A pesar de los muros derruidos,
de los espacios rotos. Los que viven aquí
parecen estar de paso. Unas horas
al día. Algunos meses.
Seguramente
tienen sus propios cuartos,
pero dan la impresión de estar siempre cambiando.
Hace tiempo que busco entre estas ruinas mi habitación.
No sabría decir desde cuándo, pero ahora
he salido a lo que debió ser un jardín
o algún patio trasero.
Desde aquí todos los espacios están invertidos.
Tal vez reconozca la fisonomía de mi cuarto
por su revés. O tal vez reconozca de él
algún sonido.

Among These Ruins

This hotel is an old school,
you can feel it despite the time.
Despite the torn-down walls,
the broken spaces. Those who live here
seem to be passing through. A few hours
a day. A couple months.
No doubt
they've got their own rooms,
but they give the impression they constantly change them.
For some time I've been looking for my room in the ruins,
for who knows how long. And now
I'm out in what might have been a garden
or a sort of back patio.
From here all the spaces are inverted.
Maybe I'll recognize the physiognomy of my room
in reverse. Or know it at once
through some sound.

POEMAS NUEVOS

NEW POEMS

Dame, tierra, tu noche

En tus aguas profundas,
en su quietud
de jade, acógeme, tierra espectral.
Tierra de silencios
y brillos,
de sueños breves como constelaciones,
como vetas de sol
en un ojo de tigre. Dame tu oscuro rostro,
tu tiempo terso para cubrirme,
tu suave voz. Con trazos finos
hablaría.
Con arenas de cuarzo trazaría este rumor,
este venero entre cristales.
Dame tu noche;
el ígneo gesto de tu noche
para entrever.
Dame tu abismo y tu negro espejo.
Hondos parajes se abren
como fruto estelar, como universos
de amatista bajo la luz. Dame su ardor,
dame su cielo efímero,
su verde oculto: algún sendero
se abrirá para mí, algún matiz
entre sus costas de agua.
Entre tus bosques de tiniebla,
tierra, dame el silencio y la ebriedad;
dame la oblea del tiempo; la brasa tenue
y azorada del tiempo; su exultante
raíz; su fuego, el eco
bajo el ahondado laberinto. Dame
tu soledad.
Y en ella,
bajo tu celo de obsidiana,
desde tus muros, y antes del nuevo día,
dame en una grieta el umbral
y su esplendor furtivo.

Give Me, Earth, Your Night

In your fathomless waters,
in its jade
quietude, welcome me, spectral earth.
Earth of silences
and scintillations,
of dreams quick as constellations,
like filaments of sun
in a tiger's eye. Give me your dark face,
your clear time to cover me,
your soft voice. In fine strokes
I'd voice it.
With quartz sand I'd draw out this murmuring,
this spring bordered by crystals.
Give me your night;
the igneous expression of your night
so I might begin to see.
Give me your abyss and your black mirror.
The depths open up
like star fruit, like universes
of amethyst under the light. Give me their ardor,
give me their ephemeral sky,
their occult green: some path
will clear for me, some trace
through the coastal waters.
Among your tenebrous forests,
earth, give me silence and intoxication;
give me a wafer of time; the flickering
and flaking ember of time; its exultant
core; its fire, the echo
under the deepened labyrinth. Give me
your solitude.
And in it,
beneath your obsidian fervor,
from your walls, and before the breaking day,
give me, in a crevice, the threshold
and its furtive flamboyance.

Su oscura fuerza curvando

Un gesto suave y su umbral de vastedad;
una caricia y su aflorado cosmos;
una gota
y su centro;
sólo el amor nos da la dimensión de lo real;
oscura fuerza
curvando. Su delicado y festivo soplo,
su ardor;
entorno abriendo
sus silencios, su mar
de sombra en el dintel de lo real,
en sus pequeños y breves frutos.

Sobre la hoja del naranjo,
entreverado,
un incendio;   sólo su luz,

su denso, oculto magnetismo torneando el tiempo,
desmadejando y reabriendo el tiempo
y sus furtivos universos;
su llama arqueando,
su roce,

la noción de lo real.   —Orbe
de simetrías, de equivalencias, su arcano arrastre
y su expansión
acogiendo, ígnea semilla;
irradiada espesura y su infinito
en el brillo de esta gota, lo real

cediéndose.   Llovido huerto
y el sol
en su efusión de espejos.

Its Dark Force Curving

A subtle gesture and its expansive threshold;
a caress and its outcropped cosmos;
a drop
and its center;
only love offers us the dimension of the real;
its dark force
curving. Its delicate and ebullient breath,
its ardor;
the surround opening
its silences, its ocean
of shadow under the lintel of the real,
in its little, short-lived fruits.

Around the orange tree leaf,
interlaced,
a conflagration;   only its light,

its dense, occult magnetism lathing time,
threshing and reopening time,
its furtive universes;
its flame bending,
its graze,

the sense of the real.   —Orb
of symmetries, of equivalencies, its arcane drag
and its sheltering
expansion, igneous seed;
irradiated thickness and its infinity
in the brilliance of this drop, the real

rendering itself.   Rainy orchard
and the sun
in its outburst of mirrors.

Turbulenta su fluida calma

Centro,
volcado fuego este mar
que nos abre, nos acoge.
Su suave
alud.
Vasta, profunda transparencia, inundándonos
su encendido metal; turbulenta
su fluida calma.
Áurea corriente desasida, ebrio caudal   —Sentido
su envolvente espesor como una exacta ligereza:

Con levedad de nieve
baja
la gaviota a las rocas.

Con irrupción de viento se alza
entre el oleaje
su abierto sol. Como un acorde que se enreda, que se desteje
en un oscuro jardín:
Lazos que alumbran y desatan;
lindes que disuelve y transluce
su filtrada amplitud; tramas que anudan
y despejan en sombras su urdida llama. Cifrado,
vertido cauce.   Toca

el borde del agua
la arena ardiente,
deja su huella breve, su ahondada sed.

—Y esta piedra que imanta la quietud de la noche,
que nos arrastra y nos guía por ella. Astro. Impulso que irradia,
que concentra.
Que sostenemos entre las manos como un confín.
Como un ceñido amuleto.
—Saber que engendra

Its Fluid Calm, Turbulent

Center,
spilled fire,
this sea that opens us, takes us in.
Its easy
torrent.
Vast, complete transparency, its inflamed metal
inundating us; its fluid calm,
turbulent.
Aureate current unloosed, intoxicated   —Sensed
its swathing density very like a lightness:

With the weightlessness of snow
it alights,
the gull on the rocks.

Like an irrupting wind it lifts
over the swell
its open sun. Like a tune unraveling, spooling out
into a dark garden:
Knots that glow and come undone;
limits that dissolve and transluce
a filtered amplitude; threads that tie up
and tease out into shadows a woven flame. Ciphered,
spilled cadence.   Touching

the water's edge,
the burning sand
leaves its brief mark, its bottomless thirst.

—And this rock magnetized by the night's quiet
which leads us forward and guides us through it. Star. Impulse that radiates,
concentrates.
That we bear in our hands like a realm.
Like a close-fitting amulet.
—Knowing which conceives

y su vertido incendio:

Ciervo que funda la maleza. Sol
que genera y trama la oscuridad.
Rastro,
nocturna luz que nos crea y nos decanta; que nos confunde
y nos sostiene. Que orilla a ver.

and its spilled blaze:

Stag that inaugurates the thicket. Sun
that engenders and interlaces the darkness.
Vestige,
nocturnal light that delineates and decants us; that bewilders
and sustains us. That verges on vision.